BEI GRIN MACHT SICH IHR WISSEN BEZAHLT

- Wir veröffentlichen Ihre Hausarbeit,
  Bachelor- und Masterarbeit

- Ihr eigenes eBook und Buch -
  weltweit in allen wichtigen Shops

- Verdienen Sie an jedem Verkauf

Jetzt bei www.GRIN.com hochladen und kostenlos publizieren

Bibliografische Information der Deutschen Nationalbibliothek:

Die Deutsche Bibliothek verzeichnet diese Publikation in der Deutschen National-
bibliografie; detaillierte bibliografische Daten sind im Internet über http://dnb.d-
nb.de/ abrufbar.

Impressum:

Copyright © 2018 GRIN Verlag
Druck und Bindung: Books on Demand GmbH, Norderstedt Germany
ISBN: 9783668939868

Dieses Buch bei GRIN:

https://www.grin.com/document/465972

Marvin Haas

Wirtschaft und Gesellschaft im Wandel

Gesellschaftliche Megatrends, die Vereinbarkeit von Beruf und Privatleben, Einfluss der Globalisierung auf die Arbeitsbedingungen

GRIN Verlag

GRIN - Your knowledge has value

Der GRIN Verlag publiziert seit 1998 wissenschaftliche Arbeiten von Studenten, Hochschullehrern und anderen Akademikern als eBook und gedrucktes Buch. Die Verlagswebsite www.grin.com ist die ideale Plattform zur Veröffentlichung von Hausarbeiten, Abschlussarbeiten, wissenschaftlichen Aufsätzen, Dissertationen und Fachbüchern.

Besuchen Sie uns im Internet:

http://www.grin.com/

http://www.facebook.com/grincom

http://www.twitter.com/grin_com

Einsendeaufgabe

Alternative B: gesellschaftliche Megatrends, die Vereinbarkeit von Beruf und Privatleben, sowie der Einfluss der Globalisierung auf die Arbeitsbedingungen.

abgegeben am 31. Oktober 2018 im Prüfungssekretariat

SRH Fernhochschule

Modul: Wirtschaft und Gesellschaft im Wandel

Studiengang: Sportmanagement

von

Marvin Haas

Inhaltsverzeichnis

Abkürzungsverzeichnis

Aufl.   Auflage

bspw.   beispielsweise

bzw.   beziehungsweise

Jg.   Jahrgang

vgl.   vergleiche

Abbildungsverzeichnis

4

Anlagenverzeichnis

1. Gesellschaftliche Megatrends

1.1 Hintergrund

Der Begriff des „Megatrends" fand erstmals im Jahre 1982 große Beachtung. Der US-amerikanische Futurologe John Naisbitt proklamierte diesen Begriff, um eine Abgrenzung von sogenannten „Modetrends" herzustellen. Grundgedanke dahinter ist, dass Modetrends keine tiefgreifenden Veränderungen hervorrufen und in der Regel nur wenige Jahre relevant sind, während Megatrends mehrere Jahrzehnte von Bedeutung sein können. [1]

1.2 theoretische Ebene

Im Grunde genommen versteht man unter einem gesellschaftlichen Megatrend eine über Jahre andauernde einschneidende Veränderung eines Bereichs. Angesprochene Veränderung gehen in der Regel relativ langsam von statten, haben jedoch großen Einfluss auf daraus folgende Entwicklungen. [2] Die Auswirkungen von Megatrends erstrecken sich über den ganzen Erdball. Vom Bereich Wirtschaft über den Bereich Gesellschaft bis hin zum Bereich der Umwelt. [3] Ein Megatrend ist was, dem man nicht ausweichen kann. Er erfasst jeden Menschen und wirkt auch in diesem. [4] Nachfolgend sollen zwei Beispiele für Megatrends genannt werden, die jene genannten theoretischen Ausführungen verdeutlichen.

1.3 Beispiel: demographische Veränderungen

Ein Megatrend, der seit einigen Jahren im Gang ist, ist der demographische Wandel. Dieser betrifft im Grunde drei große Teilbereiche. Diese Entwicklungen werden, wenn auch nicht zwangsläufig, sowohl die wirtschaftlichen und politischen Bedingungen einer Nation, sowie die Beziehungen der Länder untereinander grundlegend verändern. Der erste Trend, kann mit „Alterung" überschrieben werden. Dieser ist einer der Gründe, warum davon auszugehen ist, dass bis zum Jahr 2030 die Weltbevölkerung auf

---

[1] Vgl. weiterdenken.ch (2010)
[2] Vgl. bpb (2015)
[3] Vgl. relaio.de (2015)
[4] Vgl. zukunftsinstitut.de (2016)

8,3 Milliarden Menschen ansteigen wird. [5] Zum einen steigt die Lebenserwartung der Gesellschaft aufgrund besserer medizinischer Versorgung etwa, sowie der prozentuale Anteil an Älteren in der Gesellschaft. Dies liegt daran, dass vor allem in den Industrienationen wenig bzw. weniger Kinder zur Welt kommen, die diese Entwicklung ausgleichen könnten. Dies lässt sich an der folgenden Abbildung für das Beispiel Deutschland treffend illustrieren.

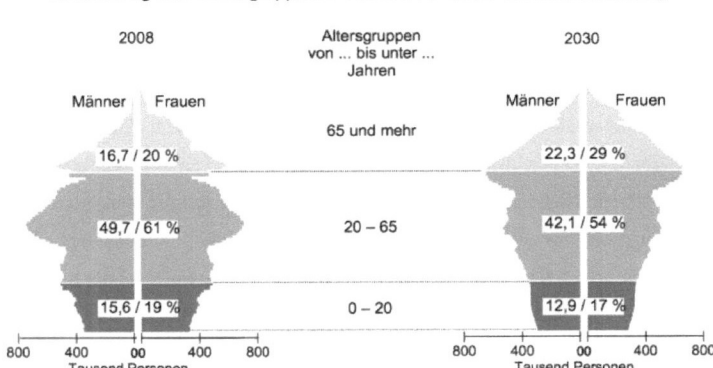

Abbildung1:   Demographischer Wandel in Deutschland
(Quelle: Statistische Ämter des Bundes und der Länder)

Während noch 2008 die größte Gruppe der Einwohner Mitvierziger waren, werden 2030 die 65-Jährigen den größten Anteil der Bevölkerung stellen. Auch die Zahl der Kinder und Jugendlichen wird kleiner werden. Durch die bisherigen Erkenntnisse wird klar, dass man nicht von einer global einheitlichen demographischen Entwicklung sprechen kann. Weltweit betrachtet steigt die Bevölkerungszahl, in den Industrieländern sinkt die Zahl jedoch. Die Folge ist eine signifikante Verschiebung der Bevölkerungsanteile. Im asiatischen und afrikanischen Raum ist ein grundsätzlicher Bevölkerungsanstieg zu verzeichnen, wodurch der Anteil der afrikanischen Bevölkerung von 13,4 % im Jahre 2000 auf 21,3 % im Jahr 2050 ansteigen wird. Der Trend in Europa ist, wie bereits

---

[5] Vgl. National Intelegence Council (2012), S.IV

erwähnt, rückläufig. So wird der Anteil an der Weltbevölkerung bis 2050 auf 7,2 % zurückgehen von abermals 12 % im Jahr 2000. [6]

Der zweite große Trend, der für die demographischen Veränderungen verantwortlich ist, ist die weltweite Migration. Es wäre denkbar, die Migration als eigenständigen Megatrend aufzuführen, da sie jedoch Folge, Ursache und Lösungsmöglichkeit der demographischen Veränderung ist bzw. sein kann, werde ich sie unter diesem Punkt weiter ausführen. Zum einen hat sich der Anteil der Migration stark verändert und wird auch in Zukunft noch große Veränderungen unterstehen. Während früher der asiatische Raum großen Migrationsbewegungen ausgesetzt war, immigrieren heute ein Drittel aller Migranten nach Europa. Hier kommt schließlich die demographische Entwicklung in genanntem Kontinent ins Spiel. Als Beispiel soll nachfolgend Deutschland dienen. Wie oben ausgeführt sinkt der prozentuale sowie absolute Anteil der jungen und damit arbeitenden Bevölkerung. Die Folge ist ein Mangel an Fachkräften. Ist man gewillt die Wirtschaftsleistung aufrechtzuerhalten, ist es eine Möglichkeit die freien Arbeitsplätze mit Fachkräften aus umliegenden Ländern sowie Kontinenten aufzufüllen. Des Weiteren ist Deutschland ein Sozialstaat. Dies bedeutet, dass der Staat die Steuern, die er von der arbeitenden Bevölkerung erhält, nutzt und damit Transferzahlungen an die Armen und Alten bzw. Rentner leistet. Bedeutet schließlich: die aktuellen Arbeitnehmer zahlen die Renten der aktuellen Rentner.

Da nun jedoch der Anteil an Erwerbstätigen sinkt und die Zahl der Rentner immer weiter steigen wird, ergibt sich für das System des Sozialstaates ein Problem. Um das Sozialsystem weiter aufrecht zu erhalten, muss der Fachkräftebedarf, mit Migration gedeckt werden. Falls sich an der demographischen Situation in Deutschland nichts ändert, ist dies die einzige Möglichkeit einen Ausgleich zwischen älterer und jüngerer Generation zu schaffen. [7]

Neben den europaweiten und sogar weltweiten Wanderungsbewegungen, gibt es landesinterne Wanderungstendenzen, was zum dritten großen Trend überleitet, der Urbanisierung. Aufgrund der Entwicklung zu einer Dienstleistungsgesellschaft und einer Abkehr von der klassischen Landwirtschaft, zieht es immer mehr Menschen in die Städte, um dort den Tätigkeiten im Bereich Handel, Versicherungen, Finanzen und Verkehr nachzugehen. Die Folge ist, dass riesige Ballungszentren entstehen, während

---

[6] Vgl. relaio.de (2015)
[7] Vgl. relaio.de (2015)

in ländlichen Gebieten die Bevölkerung stetig abnimmt. [8] Probleme die hieraus entstehen können, sind der Verfall der ländlichen Gebiete sowie in den Städten Müllberge und Luftverschmutzungen, Wasser – und Nahrungsknappheit, sowie der Mangel an bezahlbarem Wohnraum. [9]

1.4 Beispiel: Gesundheit

Ein Megatrend, der vor allem in naher Zukunft an weiterer Bedeutung gewinnen wird, ist der Bereich Gesundheit. Es ist der Trend zu beobachten, dass es nicht mehr nur darum geht nicht krank zu sein, sondern, dass die Gesunderhaltung einen gewissen Lebensstil wiederspiegelt. Den Bereich Gesundheit betreffend, kann von einem boomenden Wirtschaftszweig gesprochen werden. Verantwortung für die eigene Gesundheit zu übernehmen ist neuer Lebenssinn und neues Lebensziel. Dieses veränderte Bewusstsein spiegelt sich in verschiedenen Bereichen wieder, die nachfolgend erläutert werden sollen.

Ein wichtiger Aspekt der in den Gesundheitsbereich einfließt ist natürlich der Sport. Dass Sport gesund ist und fit hält, ist schon länger bekannt. In Zukunft wird es jedoch darum gehen, ein ganz neues Lebensgefühl im Alltag zu etablieren. [10] Die Umsätze für Sportmode, Sportartikel jeglicher Art sowie Ausgaben für Sport – und Fitnessprodukte werden ansteigen. Auch der Anteil an sporttreibenden Menschen wird sich erhöhen. Nimmt man einige Statistiken in die Betrachtung hinein wird klar, in welchen Dimensionen sich dieser Megatrend bewegt. Ziehen wir als Beispiel wieder Deutschland heran. Hier wird im Jahr 2018 der Umsatz für den Bereich Sport & Outdoor auf 2.132 Millionen Euro taxiert. Prognostiziert wird, dass der Umsatzvolumen bis zum Jahr 2022 auf 2.654 Millionen Euro ansteigen wird, was eine jährliche Wachstumsrate von 5,6 % entspricht. Die Anzahl an Nutzer wird im Sportbereich auf 12,6 Millionen Menschen veranschlagt, dieser Wert wird bis 2022 voraussichtlich auf 14,3 Millionen Menschen ansteigen. Global betrachtet generieren dies USA den größten Umsatz im Sport & Outdoorbereich mit einem Marktvolumen von 18.972 Millionen Euro. Hier landet Deutschland lediglich auf dem vierten Platz hinter den USA, China und Japan. [11]

---

[8] Vgl. relaio.de (2015)
[9] Vgl. National Intelegence Council (2012), S. IV
[10] Vgl. zukunftsinstitut.de (2016)
[11] Vgl. statista (2018)

Hierdurch wird deutlich wieso von einem Megatrend gesprochen werden kann. Vom Umsatzvolumen ausgehend sind auf den ersten vier Plätzen bereits die Kontinente Nordamerika, Asien und Europa vertreten.

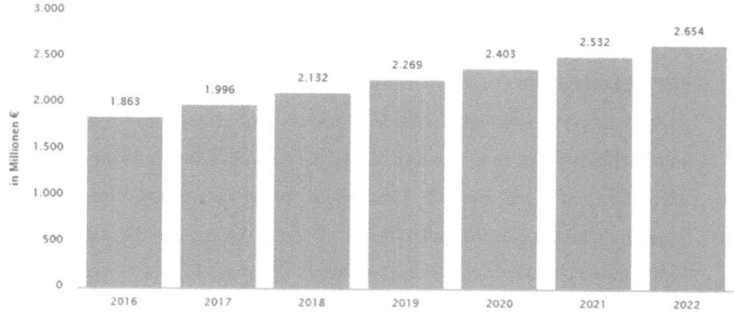

Abbildung 2:   Umsatzvolumen für Deutschland im Sport & Outdoorbereich
(Quelle: https://de.statista.com/outlook/259/137/sport-outdoor/deutschland#market-globalRevenue)

Ein weiterer zentraler Aspekt, der zu beobachten ist, bezieht sich auf Alternative Medizinmethoden. Die Menschen hinterfragen die Methoden der Schulmedizin und wenden nicht blind jene Methoden an, die ihnen der Hausarzt vorschlägt. Es ist eine kleine Renaissance einer Art Aufklärung zu beobachten. Wie Kant bereits sagte: Versuche dich deines eigenen Verstandes zu bedienen. Und genau dies passiert aktuell. Bereiche der Alternativmedizin gewinnen immer mehr Zuspruch. Einige Methoden sind etwa auf einer deutlich natürlicheren Basis ausgerichtet und arbeiten im Einklang mit der Natur. Andere wiederum sind alte Praktiken aus fernen Ländern. Das Feld der Alternativmedizin ist riesig. Beispiele hierfür sind Akupunktur oder Homöopathie. Des Weiteren geht es den Menschen darum, sich unabhängig von einem Arzt zu heilen oder die eigene Gesundheit aufrechtzuerhalten. Hierfür gibt es beispielsweise Entgiftungsmöglichkeiten, im heutigen Sprachgebrauch als Detoxing bezeichnet, bei der auf natürliche Art und Weise schädliche Substanzen vom Körper befreit werden. Außerdem gibt es mittlerweile unzählige technische Geräte, mit denen man selbst wichtige Funktionen des Körpers messen und kontrollieren kann. Als Beispiel sollen hierbei

Fitnessarmbänder dienen, mit denen es einem möglich ist, Puls, Blutdruck, etc. zu messen, um ständig über seinen Gesundheitszustand auf dem Laufenden zu bleiben. [12]

Folgende Abbildung verdeutlicht nochmal den Zuwachs den dieser Bereich erfährt.

ALTERNATIVE MEDIZIN GEWINNT AN ZUSPRUCH
Bekanntheit von komplementärmedizinischen Behandlungsformen (in Prozent)

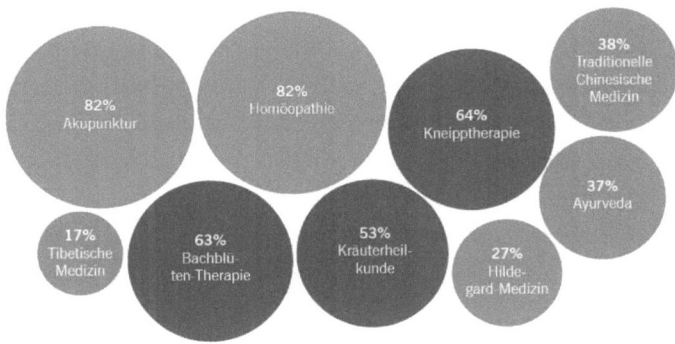

Abbildung 3:   Alternativmedizin im Vormarsch
(Quelle: Karmasin Motivforschung (2011))

Der dritte große Bereich, der unter den Megatrend Gesundheit fällt, ist die Ernährung. Vielen Menschen wird es immer wichtiger, was sie als Nahrung zu sich führen und woher diese Nahrung kommt. Der Trend geht dahin, dass die Konsumenten explizit darauf achten, was sie in den Einkaufswagen legen. Sie sind gewillt mehr Informationen über die Produkte einzuholen und sind auch bereit, bei garantiert besserer Qualität, einen höheren Preis zu zahlen. Dieser Trend bestätigt sich, wenn man die Umsätze vergleicht, die mit Bio-Lebensmitteln erzielt werden. Diese sind nämlich von 2,1 Milliarden Euro im Jahr 2000 auf 10,4 Milliarden Euro im Jahr 2017 gestiegen. In Deutschland liegt der Fall vor, dass fast ein Drittel der Bevölkerung großes Interesse an gesunder Ernährung sowie einer gesunden Lebensweise haben. In den Anlagen finden sich Statistiken und Abbildungen, die diese Aussagen untermauern. [13] Als

---

[12] Vgl. zukunftsinstitut.de (2016)
[13] Vgl. statista.de (2018)

Überleitung zur zweiten Teilaufgabe sei erwähnt, dass die Work-Life-Balance ein weiterer Aspekt ist, der für ein gesteigertes Interesse an einer gesunden Lebensweise steht.

2. Vereinbarkeit von Beruf und Privatleben

2.1 aus Sicht der Unternehmen

Für Unternehmen geht es darum, Arbeitsmodelle in ihrem Betrieb zu etablieren, die es den Arbeitnehmer/Innen ermöglicht, sowohl ihren Beruf auszuüben, als auch genügend Zeit etwa für die Kindererziehung, oder die Pflege von Angehörigen aufwenden zu können. Hierbei sollten sowohl Frauen als auch Männer angesprochen werden. Aufgrund des herrschenden Fachkräftemangels in Deutschland werden sogenannte Work-Life-Balance Modelle und innovative Ideen der Vereinbarkeit von Beruf und Familie immer wichtiger, weil sonst der Personalbedarf langfristig nicht mehr gedeckt werden kann. Viele Arbeitnehmer sind heute in einer starken Verhandlungsbasis bezüglich ihrer Arbeitsstelle. Sie sind nicht auf das erstbeste Angebot eines Unternehmens angewiesen und können so auch nach Kriterien wie Arbeitszeitmodelle, Work-Life-Balance ihre Arbeitsstelle auswählen.

2.2 aus Sicht der Arbeitnehmer

Für Arbeitnehmer ist es mittlerweile sehr wichtig, ihren Beruf sowie ihr Privatleben zu vereinbaren. Aufgrund des gesellschaftlichen Wandels, auf den im weiteren Verlauf genauer eingegangen wird, bekommen Berufstätigkeit von Frauen in Verbindung mit einem veränderten Familienbild oder der demographische Wandel eine immer größere Bedeutung. Außerdem ist es heutzutage so, dass vielen Bürgern die Arbeitsstelle nicht mehr nur zum Broterwerb dient, sondern, dass auch Aspekte wie Selbstverwirklichung bspw. eine Rolle spielen. Dementsprechend wünschen sie es sich, sowohl einer sinnvollen Tätigkeit nachzugehen und dennoch genügend Zeit zu haben, eine Familie zu gründen, Freizeitaktivitäten und Hobbies nachzugehen und auch am gesellschaftlichen Leben teilzunehmen.

Es wird deutlich, dass auf beiden Seiten die Vereinbarkeit von Beruf und Privatleben eine hohe Bedeutung zukommt und auch zukommen muss. Nachfolgend wird nun der gesellschaftliche Wandel, der in Deutschland abläuft, erläutert und schließlich Maßnahmen aufgezeigt, mit denen die verschiedenen Parteien versuchen, die angesprochene Vereinbarkeit zu erreichen.

2.3 Rolle des gesellschaftlichen Wandels

Um den gesellschaftlichen Wandel in die Betrachtung mit einzubeziehen, soll zunächst das zuvor herrschende gesellschaftliche und soziale Konstrukt erklärt werden. Als Beispiel soll hierfür wieder Deutschland dienen. Es ist jedoch festzuhalten, dass ähnliche bis gleiche Strukturen in den meisten anderen europäischen Ländern vorzufinden sind bzw. waren. Zunächst ist festzuhalten, dass das vorherrschende Familienmodell an Bedeutung verliert. Das traditionelle Rollen – und Familienbild sah vor, dass der Mann und Vater in der Familie die Ernährerrolle wahrnimmt, indem er arbeiten geht und das Geld für die Familie verdient. Die Frau und Mutter hingegen bleibt Zuhause und kümmert sich um die Kinder und den Haushalt. Die Rollenverteilung und Aufgaben der Eheleute waren klar getrennt. Dieses Familienmodell ist zwar in vielen Haushalten noch präsent, jedoch hat sich ein deutlicher Wandel vollzogen. So arbeiten mittlerweile viel mehr Frauen als früher, wie folgende Statistik zeigt. So waren 2016 fast ¾ aller Frauen erwerbstätig.

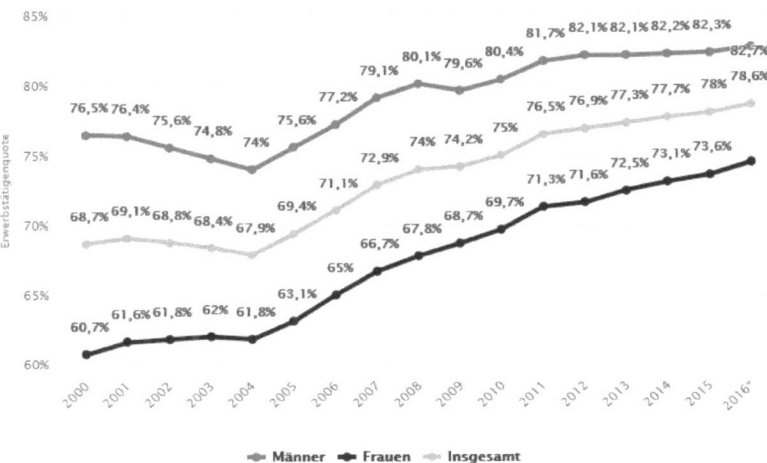

Abbildung 4:   Erwerbstätigenquote nach Geschlecht
                 (Quelle: https://de.statista.com/statistik/daten/studie/198921/umfrage/erwerbstaetigenquote-in-
                 deutschland-und-eu-nach-geschlecht/)

Dies führt jedoch dazu, dass Frauen in späterem Alter oder unter Umständen gar keine Kinder kriegen, da sie sich bevorzugt auf ihre Karriere konzentrieren. Folge ist ein Rückgang der Geburtenzahlen. Stichworte, die hierbei relevant sind: demographischer Wandel und

Fachkräftemangel. Außerdem bilden sich dadurch viele Singlehaushalte heraus oder lediglich zwei Vollzeitarbeitende Eheleute. Hierbei wird nochmal die Wichtigkeit deutlich, wieso eine Vereinbarkeit von Beruf und Privatleben geschaffen werden muss. So könnten nämlich Frauen bei cleverer Handhabung eine Lösungsmöglichkeit für den Fachkräftemangel sein. Entweder indem sie selbst die freien Stellen besetzen oder langfristig gesehen, wenn Bedingungen geschaffen werden, in denen Frauen sowohl arbeiten gehen können, als auch genügend Zeit haben eine Familie zu gründen. Weitere Auswirkungen des gesellschaftlichen Wandels sind ganz neue Familienmodelle. Als Beispiel soll hier die sogenannte „Regenbogenfamilie" genannt werden, bei der ein gleichgeschlechtliches Paar mit einem oder mehreren Kindern zusammenlebt. [14] Ein weiterer wichtiger Aspekt, der unter den Gesellschaftswandel fällt, ist die Individualität der Lebensgestaltung. Während es früher strikte Gruppierungen gab, denen man angehörte, ist heutzutage quasi jeder Mensch in der Lage, sein Leben nach komplett individuellen Maßstäben zu gestalten. Es lassen sich drei Gründe benennen, die dafür verantwortlich sind, dass dies überhaupt möglich ist. Grund 1 hat ihren Ursprung in den 1960er Jahren bis in die 1980er Jahre. Es trat in Deutschland eine allmähliche Steigerung des Wohlstands ein, der es vielen Bürgern ermöglichte Individualität in ihren Alltag zu bringen. Zweite Voraussetzung war die Verkürzung der allgemeinen Arbeitszeit und -dauer. Dies führte dazu, dass die Menschen mehr Freizeit hatten, in der sie Hobbys und Interessen nachgehen konnten, um sich auszudrücken. Der dritte Aspekt schließlich bezieht sich auf das gesteigerte Bildungsniveau. Folge war ein Anstieg an Abiturienten und Studierenden, was die Chance erhöhte sozialen Aufstieg zu erfahren. Des Weiteren führt ein höheres Bildungsniveau dazu, dass Kompetenzen gelehrt werden, die es einem ermöglichen über sich und sein Leben in einer profunden Art und Weise nachzudenken. Dies führt dementsprechend zu unendlich vielen unterschiedlichen Lebensmodellen, die eine Vereinbarkeit von Beruf und Privatleben zu einer großen Herausforderung für alle Beteiligten macht. [15]

2.4 Maßnahmen der Wirtschaft (Staat)

Die Erwerbstätigenquote von Frauen steigt und die Geburtenrate sinkt. Grund: Frauen gehen eher einer beruflichen Tätigkeit nach, als Mutter zu sein und Kinder zu bekommen. Dies ist primäres Problem, welches bereinigt werden sollte. Es muss für eine Person bzw. für ein Ehepaar möglich sein, sowohl einer Vollzeitbeschäftigung nachzugehen als auch seine Kinder

---

[14] Vgl. Scheuer A., / Dittmann, J. (2007), S. 1-3
[15] Vgl. Schimank, U. (2012)

betreuen zu können respektive Orte geben, bei denen die Kinder betreut werden. Aus diesem Grund wurde im August 2013 ein Rechtsanspruch geltend gemacht, der einen Betreuungsplatz für Kinder gewährleistet, die das erste Lebensjahr vollendet haben. [16] Ein weiterer Aspekt, der in die Riege der Betreuung fällt, bezieht sich auf die Pflege von Angehörigen. In Deutschland wird der Großteil der Pflegebedürftigen von Familienmitgliedern gepflegt. Da diese Personen in der Regel mitten im erwerbsfähigen Alter sind, bedarf es Maßnahmen, die beide Tätigkeiten vereinbaren können. Aufgrund des bereits angesprochenen demographischen Wandels, wird die Zahl der Älteren dementsprechend Pflegebedürftigen weiter ansteigen. Um dieser Situation Herr zu werden wurde 2008 das Pflegegesetz verabschiedet. Dieses ermöglicht einem Arbeitnehmer sich für einen bestimmten aber begrenzten Zeitraum ohne Entgeldfortzahlung freistellen zu lassen. [17] Im weiteren Verlauf geht es nun darum, was Unternehmen manchen können, um einen attraktiven, wirtschaftlich gut aufgestellten Arbeitgeber darzustellen und gleichzeitig ein familienfreundliches Ambiente zu schaffen. Wenn sich Unternehmen dafür interessieren ihren Betrieb familienfreundlicher zu gestalten, haben sie die Möglichkeit sich an das Bundesfamilienministerium zu wenden. Dieses hat das Unternehmensprogramm „Erfolgsfaktor Familie" ins Leben gerufen, welches den Firmen hilft Ideen und Möglichkeiten zu entwickeln, sich besser für eine Vereinbarkeit von Beruf und Privatleben zu engagieren. Allein im Jahr 2012 nahmen bereits 8.000 Unternehmen am Programm teil. Trotz des oben genannten gesetzlichen Anspruchs auf einen Kita – Platzes, ist die Realität eine andere. Eine Möglichkeit, wie Kinder betreut werden, ohne dass Eltern länger im Beruf fehlen oder schlimmer ihren Beruf ganz aufgeben müssen, sind Betriebs – Kitas. Durch dieses Konzept, in dem Unternehmen vor Ort Betreuungsplätze anbieten, ist Beruf und Familie kein Gegensatz mehr. Das Bundesministerium für Familie unterstützt interessierte Unternehmen. Auch wenn es für die Firmen hohe Investitionskosten darstellt, eine betriebsinterne Kita zur Verfügung zu stellen, sind es die Vorteile wert, die daraus entstehen. So entsteht ein großer Imagegewinn für das Unternehmen, was es ihnen leichter macht, bei bereits angesprochener angespannter Personalsituation, Arbeitsplätze zu füllen. Abgesehen vom Gehalt, ist für viele Arbeitnehmer von Bedeutung, ob sie Familie und Beruf vereinbaren können, bevor sie eine Stelle antreten. Sollte es mal ein Problem mit den Kindern geben, sind die Eltern direkt vor Ort, dadurch verkürzen sich familienbedingte Fehlzeiten. Ein Plus für jeden Arbeitgeber. Außerdem erhöht sich der Anreiz für Eltern wieder früher in den Beruf zurückzukehren, da sie wissen, dass ihre Kinder versorgt sind. Es werden nachweislich Überbrückungs – und Wiedereinstiegskosten

---

[16] Vgl. Piepenbrink, J. (2012)
[17] Vgl. Tiedemann, B. (2014)

gespart. [18] Aber auch kinderlose Arbeitnehmer wünschen sich mittlerweile einen guten Ausgleich zwischen Beruf und Privatleben. Stichwort: Work-Life-Balance. Die Generation Y ist hier in einer Vorreiterrolle. Arbeitgeber machen die Erfahrung, dass diese potenziellen Arbeitnehmer genau wissen, was sie wollen und wie sie ihr Leben führen möchten. Feste Arbeitszeiten sowie ein lebenslanger Arbeitgeber sind nicht mehr aktuell. Aus diesem Grund bieten Unternehmen Teilzeit – und Telearbeit an. Des Weiteren wird auch mal eine einjährige Auszeit gewährt, auch unabhängig von Kinderzuwachs. Flexibilität und Individualität sind heute die Bereiche, auf die Wert gelegt werden. Und genau diese Bereiche müssen ausgebaut und gefördert werden. Abschließend kann gesagt werden, dass es viele innovative und sinnvolle Ideen gibt, die die Herausforderungen, die der gesellschaftliche Wandel mit sich bringt, lösen können. Die Vereinbarkeit kann aber nur gelingen, wenn die Erwerbstätigkeit von Frauen bzw. Müttern einen starken Rückhalt in der Gesellschaft erfährt.

3. Veränderung von Arbeitsbedingungen

3.1 Globalisierung als Ursache hierfür

Seit die Globalisierung Mitte der 1980er Jahre Fahrt aufgenommen hat, lassen sich einige Auswirkungen dieser Entwicklung beobachten. Eine internationale Verflechtung im ökonomischen Bereich und die daraus folgende Neo-liberale Politik, sorgen für eine Veränderung in allen Bereichen. Die Grunderwartung war zu Beginn positiv und es wurden Wohlstand und die Verbesserung von Menschenrechten vorhergesagt. Die Realität ist leider eine andere. Zwangs – und Sklavenarbeit, vor allem von Kindern, stehen in den Entwicklungsländern an der Tagesordnung - Menschenunwürdige Arbeitsbedingungen als Folge des globalen Wettbewerbs. Sozialleistungen sowie Löhne in eigentlich Hochlohnstandorten fallen immer weiter. Die Forschung prognostiziert einen weiter andauernden negativen Trend, verursacht durch die Globalisierung. Weltweit sinken die Arbeitsstandards. Mitte der 1990er Jahre fand dieses Thema größere Beachtung in der Gesellschaft, nachdem es zu Boykottierungen etwa gegen Textilfirmen wie Nike und C&A gab. [19] Seither hat sich schon einiges zum Positiven verändert. Vor allem im asiatischen Raum ist der Wohlstand rasant gestiegen. Dies ist vor allem an Küstengebieten spürbar, die die vollen

---

[18] Vgl. bmfsfj (2013)
[19] Vgl. Ehmke/ Simon/ Simon (2009), S. 12

Vorteile der Globalisierung nutzen können. [20] Die Frage, die sich nun stellt ist, wie und inwiefern die Globalisierung die Arbeitsbedingungen von Menschen verändert.

3.2 Veränderung für den Menschen

Zunächst muss festgehalten werden, dass die Veränderungen für Menschen der Industrienationen anderes sind als die für Menschen aus Schwellen – und Entwicklungsändern. Die große Gemeinsamkeit an Veränderungen, die weltweit beobachtet werden kann, ist die zunehmende Ausbeutung der Arbeitnehmer. Wie bereits erwähnt ist Kinderarbeit ein großes Problem. Aufgrund der globalen Handelsmärkte und den daraus folgenden spekulativen Geschäfte der Anbieter, werden Nahrungsmittelpreise künstlich in die Höhe getrieben. Die Folge ist, dass Kinder in finanziell schwachen Familien ebenfalls einen Beitrag zur Versorgung leisten müssen, da die Preise zu hoch sind, als dass sie ausschließlich mit dem Gehalt der arbeitenden Eltern bezahlt werden können. Die Löhne, die in diesen Nationen gezahlt werden, sind sowieso schon sehr gering. Häufig kommt dies in folgenden Branchen vor: Hotlines und Callcenter, Unterhaltungselektronik und vor allem die Textilproduktion, wie folgenden Abbildung verdeutlicht.

Abbildung 5: Kaufpreis eines Sportschuhs auf die verschiedenen Profiteure aufgeschlüsselt (Quelle: cleanlothes)

---

[20] Vgl. Kulke, U. (2012)

Die Kampagne „cleanclothes" verdeutlicht am Beispiel eines Sportschuhs sehr gut die Ausbeutung, die jene Mitarbeiter erfahren. Lediglich 0,4 % eines 100 Euro Schuhs landen letztlich als Löhne bei den Arbeitern, die das Produkt herstellen. Mit Abstand der kleinste Wert in dieser Abbildung. Diese Situation ist überwiegend in Entwicklungsländern zu beobachten. Bei uns in Deutschland bzw. generell in den Industriestaaten nimmt die Ausbeutung von Arbeitskräften eine andere Form an. In Folge der Globalisierung stehen die Unternehmen nicht mehr nur in nationalem Wettbewerb mit anderen Unternehmen, sondern sehen sich einem internationalen Wettbewerb ausgesetzt. Um bei dieser Konkurrenz zu bestehen, sind Unternehmen gewillt Kosten zu sparen. Dies wird meist mit sinkenden Löhnen erreicht. So bleibt die Anzahl an Mitarbeitern gleich sowie auch ihre Arbeitsleistung. Die Entlohnung hingegen, verringert sich und so auch die Kosten für das Unternehmen. Des Weiteren ist zu beobachten, dass sehr einfache Tätigkeiten an externe Dienstleister ausgelagert werden, was die Personalkosten verringert. [21] Die Folge ist, dass überwiegend hoch-qualifizierte Tätigkeiten auf dem Arbeitsmarkt gefragt sind. Eine weitere Veränderung, die durch die Globalisierung ausgelöst wurde. Außerdem muss festgehalten werden, dass der Druck, den die Unternehmen auf Grund des internationalen Wettbewerbs spüren, auch auf den Mitarbeitern lastet. Die ständige Erreichbarkeit, begünstigt durch moderne und auch günstige Kommunikationsmöglichkeiten, soll hier als weitere Veränderung genannt werden. Weil der Wettbewerb international ist, sind es auch die Kunden. So müssen Arbeitnehmer zu jeder Tages – und Nachtzeit Telefonate führen oder etwaige Probleme lösen, da der Kunde in einem anderen Land ansässig ist und aufgrund der Zeitverschiebung mitten im Arbeitstag ist. Da der Wettbewerbsdruck für Unternehmen äußerst hoch ist, müssen sie diese Strapazen auf sich nehmen, wenn sie am Markt bestehen wollen. Die Auswirkungen für Körper und Geist sind entsprechend verheerend. Die Folge sind Krankheiten und womöglich das vorzeitige Ausscheiden aus dem Berufsleben. Zusammenfassend lässt sich sagen, dass die Ausbeutung, ausgelöst durch die Globalisierung, als größte Veränderung für Arbeitnehmer gesehen werden kann. Während in Entwicklungs – und Schwellenländern eher eine physische Ausbeutung erfolgt, ist die Ausbeutung in Industrienationen vorwiegend psychischer Natur. Abschließend lässt sich festhalten, dass die entstandenen bzw. noch entstehenden Veränderungen, bezüglich der Arbeitsbedingungen, überwiegend negativer Art sind.

---

[21] Vgl. Fuchs Media Solutions (2018)

Anlagen

Anlage 1:

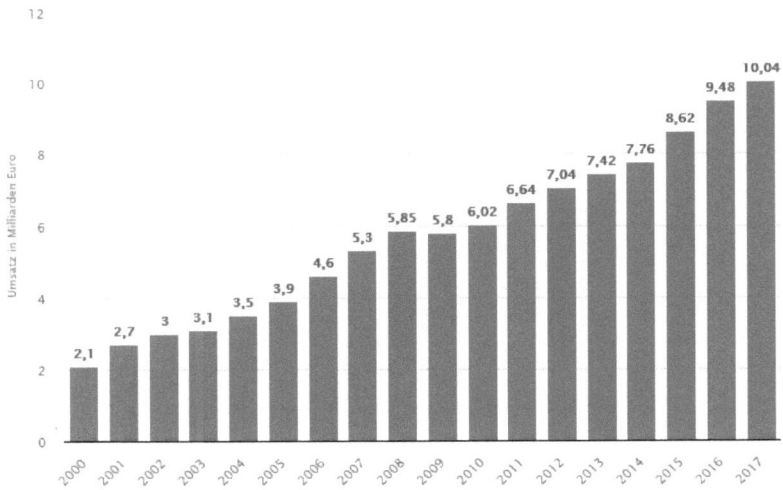

Anlage 1:   Umsatz mit Bio-Lebensmitteln in Deutschland in den Jahren 2000-2017
              (Quelle: https://de.statista.com/statistik/daten/studie/4109/umfrage/bio-lebensmittel-umsatz-
              zeitreihe/)

Anlage 2:

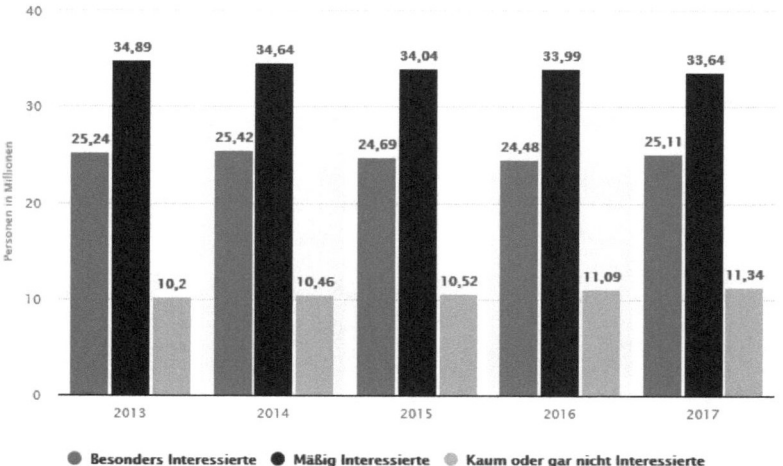

Anlage 2:   Interesse der Bevölkerung in Deutschland an gesunder Ernährung und gesunder Lebensweise
(Quelle:https://de.statista.com/statistik/daten/studie/170913/umfrage/interesse-an-gesunder-
ernaehrung-und-lebensweise/)

Literaturverzeichnis

Bundeszentrale für politische Bildung (bpb) (2015), Aus Politik und Zeitgeschichte, 65.Jg., Nr. 31-32, S.2.

Ehmke, E. / Simon, A. / Simon, J. (2009), Internationale Arbeitsstandards im globalen Kapitalismus. In: Ehmke E., Fichter M., Simon N., Zeuner B. (eds) Internationale Arbeitsstandards in einer globalisierten Welt. VS Verlag für Sozialwissenschaften, Wiesbaden.

Fuchs Media Solutions (2018), Globalisierung und Ausbeutung, In: https://www.globalisierung-fakten.de/globalisierung-informationen/globalisierung-und-ausbeutung/, abgerufen am 19.09.2018.

Kulke, U. (2012), Warum die Globalisierung den armen Ländern nutzt, In: https://www.welt.de/debatte/kommentare/article111901358/Warum-die-Globalisierung-den-armen-Laendern-nutzt.html, abgerufen am 18.09.2018.

National Intelligence Council (2012), Global Trends 2030: Alternative Worlds. Institutionenbericht, S. IV.

Piepenbrink, J. (2012), Frühkindliche Bildung, In: http://www.bpb.de/apuz/136760/editorial, abgerufen am 18.09.2018.

relaio (2015), Gesellschaftliche Megatrends, In: http://www.relaio.de/topics/artikeluebersicht/gesellschaftliche-megatrends.html, abgerufen am 18.09.2018.

Scheuer, A., & Dittmann, J. (2007), Berufstätigkeit von Müttern bleibt kontrovers: Einstellungen zur Vereinbarkeit von Beruf und Familie in Deutschland und Europa. Informationsdienst Soziale Indikatoren, 38, 1-5. https://doi.org/10.15464/isi.38.2007.1-5

Schimank, U. (2012), Individualisierung der Lebensführung, In: http://www.bpb.de/politik/grundfragen/deutsche-verhaeltnisse-eine-sozialkunde/137995/individualisierung-der-lebensfuehrung?p=all, abgerufen am 18.09.2018.

statista (2018), Sport & Outdoor Deutschland, In: https://de.statista.com/outlook/259/137/sport-outdoor/deutschland, abgerufen am 19.09.2018.

Tiedemann, B. (2014), Vereinbarkeit von Familie und Beruf, In: http://www.bpb.de/politik/innenpolitik/arbeitsmarktpolitik/187837/vereinbarkeit-von-familie-und-beruf?p=all, abgerufen am 19.09.2018.

Walker, A. M. (2010): Was ist eigentlich ein Megatrend. In: https://weiterdenken.ch/2010/10/20/was-ist-eigentlich-ein-megatrend/#_ftn1, abgerufen am 19.09.2018.

zukunftsinstitut (2016), Gesundheit Glossar, In: https://www.zukunftsinstitut.de/artikel/mtglossar/gesundheit-glossar/, abgerufen am 17.09.2018.

zukunftsinstitut (2016), Megatrends Übersicht, In: https://www.zukunftsinstitut.de/dossier/megatrends/, abgerufen am: 18.09.2018.